The Big Snow Day And Other Bilingual Italian-English Stories for Kids

Pomme Bilingual

Published by Pomme Bilingual, 2024.

While every precaution has been taken in the preparation of this book, the publisher assumes no responsibility for errors or omissions, or for damages resulting from the use of the information contained herein.

THE BIG SNOW DAY AND OTHER BILINGUAL ITALIAN-ENGLISH STORIES FOR KIDS

First edition. July 26, 2024.

Copyright © 2024 Pomme Bilingual.

ISBN: 979-8227536488

Written by Pomme Bilingual.

Table of Contents

Il Sole e la Luna

Nel cielo blu, il Sole e la Luna vivono in due case diverse. Il Sole vive in una casa calda e dorata, mentre la Luna vive in una casa fresca e argentata. Ogni giorno, il Sole si sveglia e va a fare una passeggiata nel cielo. Fa luce e calore e fa brillare il mondo. Ogni notte, la Luna si sveglia e si alza nel cielo. Lei illumina la notte e fa brillare le stelle.

Un giorno, mentre il Sole e la Luna si preparano per iniziare le loro giornate, il Sole ha un'idea. "Perché non facciamo qualcosa di speciale oggi?" dice il Sole. La Luna, che è sempre felice di fare nuove avventure, risponde: "Che idea divertente! Cosa possiamo fare insieme?"

Il Sole e la Luna decidono di giocare a nascondino. "Io mi nascondo e tu mi cerchi," dice il Sole. "E poi, è il tuo turno di nasconderti e io ti cerco," dice la Luna.

Il Sole si nasconde dietro le nuvole bianche. "Non mi trovi!" dice il Sole. La Luna guarda attentamente e trova il Sole dietro le nuvole. "Trovato!" dice la Luna.

Poi è il turno della Luna di nascondersi. Lei si nasconde dietro una grande montagna. Il Sole cerca e cerca, ma non riesce a trovare la Luna. La Luna ridacchia e dice: "Sono qui dietro la montagna!"

Dopo aver giocato a nascondino, il Sole e la Luna decidono di fare una passeggiata insieme. Camminano nel cielo e vedono tanti posti belli. Vedono le nuvole bianche e leggere, i colori dell'arcobaleno, e le stelle scintillanti. Si divertono molto insieme e ridono felici.

Quando il Sole deve andare a dormire e la Luna deve iniziare il suo turno, si salutano con un abbraccio. "È stato un giorno speciale," dice il Sole. "Sì, è stato molto divertente," dice la Luna.

Il Sole e la Luna promettono di fare altre avventure insieme. Ogni giorno, si preparano per un nuovo giorno e una nuova avventura. E così, anche se vivono in due case diverse, sono sempre felici di condividere il cielo e il tempo insieme.

The Sun and the Moon

In the blue sky, the Sun and the Moon live in two different houses. The Sun lives in a warm, golden house, while the Moon lives in a cool, silvery house. Every day, the Sun wakes up and goes for a walk in the sky. He brings light and warmth and makes the world shine. Every night, the Moon wakes up and rises into the sky. She lights up the night and makes the stars sparkle.

One day, as the Sun and the Moon are getting ready to start their days, the Sun has an idea. "Why don't we do something special today?" says the Sun. The Moon, who is always happy to have new adventures, replies, "What a fun idea! What can we do together?"

The Sun and the Moon decide to play hide and seek. "I'll hide and you seek me," says the Sun. "And then, it's your turn to hide and I'll seek you," says the Moon.

The Sun hides behind the white clouds. "You can't find me!" says the Sun. The Moon looks carefully and finds the Sun behind the clouds. "Found you!" says the Moon.

Then it's the Moon's turn to hide. She hides behind a big mountain. The Sun looks and looks but can't find the Moon. The Moon giggles and says, "I'm here behind the mountain!"

After playing hide and seek, the Sun and the Moon decide to take a walk together. They walk in the sky and see many beautiful places. They see the white, fluffy clouds, the colors of the rainbow, and the sparkling stars. They have a lot of fun together and laugh happily.

When the Sun has to go to sleep and the Moon has to start her shift, they say goodbye with a hug. "It was a special day," says the Sun. "Yes, it was very fun," says the Moon.

The Sun and the Moon promise to have more adventures together. Every day, they get ready for a new day and a new adventure. And so, even though they live in two different houses, they are always happy to share the sky and time together.

Il Viaggio Magico di Lara e Stella

C'era una volta, in un bosco verde e profumato, una piccola volpe di nome Lara e una lucciola di nome Stella. Lara e Stella erano migliori amiche. Ogni giorno giocavano insieme, correndo tra gli alberi e ridendo sotto il cielo azzurro.

Un giorno, mentre giocavano vicino al ruscello, Stella disse: "Ho sentito una storia meravigliosa! Dicono che nel cuore del bosco c'è una radura incantata. Chi trova quella radura può fare un desiderio!"

Lara era curiosa. "Davvero? Allora dobbiamo trovare quella radura e fare un desiderio insieme!"

Stella brillava di gioia. "Sì! Partiamo subito!"

Le due amiche iniziarono il loro viaggio attraverso il bosco. Camminarono lungo il sentiero fiorito, ascoltando il cinguettio degli uccelli e il fruscio delle foglie. Dopo un po', incontrarono un grande albero con una porta d'oro.

"Che bello!" disse Lara. "Dove porta questa porta?"

"Non lo so," rispose Stella. "Ma forse potrebbe aiutarci a trovare la radura incantata. Proviamo a bussare!"

Lara bussò delicatamente sulla porta. Dopo un momento, la porta si aprì e apparve una simpatica lepre di nome Luca.

"Ciao, amici!" disse Luca. "Dove andate così presto?"

"Stiamo cercando la radura incantata," spiegò Stella. "Hai visto dove si trova?"

Luca pensò un attimo e poi rispose: "Sì, l'ho vista. Ma è nascosta dietro le colline nebbiose. Dovrete attraversare il ponte delle rane e salire le colline. Siate coraggiose!"

"Grazie, Luca!" dissero Lara e Stella e continuarono il loro viaggio.

Arrivarono presto al ponte delle rane. Le rane saltellavano felici e cantavano una dolce canzone. "Ciao, rane!" disse Lara. "Come possiamo attraversare il ponte?"

Una rana grande e verde, di nome Rana, rispose: "Per attraversare il ponte, dovete cantare con noi. Solo così il ponte si aprirà."

Lara e Stella iniziarono a cantare insieme alle rane. La loro melodia era allegra e armoniosa. Quando finirono di cantare, il ponte si aprì e le rane applaudirono. "Brave, brave!"

Attraversarono il ponte e iniziarono a salire le colline nebbiose. Era un po' difficile, ma Lara e Stella si aiutarono a vicenda e non si arresero. Arrivarono in cima e trovarono un grande arco di fiori.

"Guarda, Stella!" disse Lara. "Sembra che sia la nostra destinazione!"

Passarono sotto l'arco e, finalmente, raggiunsero la radura incantata. Era un posto magico, pieno di fiori luminosi e alberi scintillanti. Al centro della radura c'era una grande pietra lucente.

"È meraviglioso!" esclamò Stella.

"Facciamo il nostro desiderio!" disse Lara.

Le due amiche si sedettero accanto alla pietra e chiusero gli occhi. Pensarono a un desiderio: che il loro legame di amicizia rimanesse forte e speciale per sempre. Poi, aprirono gli occhi e la pietra brillò intensamente. Una dolce melodia riempì l'aria e i fiori danzavano.

"Il nostro desiderio è stato esaudito!" disse Lara, felice.

"Sì, siamo amici per sempre," confermò Stella. "Grazie per aver condiviso questa avventura con me."

Le due amiche tornarono a casa, felici e contenti. Ogni volta che giocavano insieme, ricordavano il loro viaggio e la magia della radura incantata. Sapevano che, anche se le avventure possono finire, l'amicizia è un tesoro che dura per sempre.

E così, Lara e Stella continuarono a vivere felici nel loro bosco verde, sempre pronte a scoprire nuove meraviglie insieme.

Lara and Stella's Magical Journey

Once upon a time, in a green and fragrant forest, there was a little fox named Lara and a firefly named Stella. Lara and Stella were best friends. Every day, they played together, running through the trees and laughing under the blue sky.

One day, while they were playing near the stream, Stella said, "I heard a wonderful story! They say there is an enchanted glade in the heart of the forest. Whoever finds that glade can make a wish!"

Lara was curious. "Really? Then we must find that glade and make a wish together!"

Stella sparkled with joy. "Yes! Let's start right away!"

The two friends began their journey through the forest. They walked along the flowery path, listening to the birds chirping and the rustling leaves. After a while, they came across a big tree with a golden door.

"How beautiful!" said Lara. "Where does this door lead?"

"I don't know," replied Stella. "But maybe it can help us find the enchanted glade. Let's try knocking!"

Lara gently knocked on the door. After a moment, the door opened, and a friendly hare named Luca appeared.

"Hello, friends!" said Luca. "Where are you going so early?"

"We're looking for the enchanted glade," explained Stella. "Do you know where it is?"

Luca thought for a moment and then replied, "Yes, I've seen it. But it's hidden behind the misty hills. You'll need to cross the frog bridge and climb the hills. Be brave!"

"Thank you, Luca!" said Lara and Stella, and they continued their journey.

They soon arrived at the frog bridge. The frogs were hopping happily and singing a sweet song. "Hello, frogs!" said Lara. "How can we cross the bridge?"

A big green frog named Rana replied, "To cross the bridge, you must sing with us. Only then will the bridge open."

Lara and Stella began to sing along with the frogs. Their melody was cheerful and harmonious. When they finished singing, the bridge opened, and the frogs applauded. "Bravo, bravo!"

They crossed the bridge and started climbing the misty hills. It was a bit difficult, but Lara and Stella helped each other and didn't give up. They reached the top and found a big flower arch.

"Look, Stella!" said Lara. "It looks like our destination!"

They passed under the arch and finally reached the enchanted glade. It was a magical place, full of bright flowers and sparkling trees. In the center of the glade was a large shining stone.

"It's wonderful!" exclaimed Stella.

"Let's make our wish!" said Lara.

The two friends sat next to the stone and closed their eyes. They wished for their friendship to remain strong and special forever. Then, they opened their eyes, and the stone shone brightly. A sweet melody filled the air, and the flowers danced.

"Our wish has come true!" said Lara, happy.

"Yes, we are friends forever," confirmed Stella. "Thank you for sharing this adventure with me."

The two friends went home, happy and content. Every time they played together, they remembered their journey and the magic of the enchanted glade. They knew that, even though adventures may end, friendship is a treasure that lasts forever.

And so, Lara and Stella continued to live happily in their green forest, always ready to discover new wonders together.

Il Viaggio Straordinario di Pino e Fiamma

In un angolo tranquillo del bosco, viveva un piccolo scoiattolo di nome Pino e una scintillante farfalla di nome Fiamma. Pino era un amante delle noci, mentre Fiamma adorava volare tra i fiori colorati. Erano migliori amici e passavano ogni giorno a giocare e a esplorare il loro meraviglioso mondo.

Un giorno, mentre Pino e Fiamma giocavano vicino a un ruscello, Fiamma notò una mappa misteriosa nascosta tra le foglie. La mappa era colorata e piena di disegni strani.

"Guarda, Pino!" esclamò Fiamma. "Ho trovato una mappa! Potrebbe portarci verso un'avventura fantastica."

Pino si avvicinò curioso. "Che cosa c'è scritto sulla mappa?"

Fiamma studiò attentamente la mappa e rispose: "Sembra che ci indichi il percorso verso un tesoro nascosto nel cuore del bosco. Dobbiamo attraversare il ponte arcobaleno, superare il lago delle ninfee e trovare l'albero delle meraviglie."

Pino e Fiamma si scambiarono uno sguardo eccitato. "Sembra un'avventura incredibile!" disse Pino. "Partiamo subito!"

La prima tappa del loro viaggio era il ponte arcobaleno. Camminarono attraverso il bosco fino a trovare un bellissimo ponte che scintillava di tutti i colori dell'arcobaleno.

"Wow, è magnifico!" esclamò Pino. "Ma come possiamo attraversarlo?"

Una dolce voce rispose: "Per attraversare il ponte, dovete risolvere un indovinello!"

Una piccola nuvola di colori, che si rivelò essere un arcobaleno parlante, continuò: "Ascoltate attentamente. Sono leggero come una piuma, ma nessuno può tenermi. Cos'è?"

Fiamma pensò per un momento e poi disse: "È il respiro!"

Il ponte arcobaleno brillò ancora di più e si aprì, permettendo a Pino e Fiamma di attraversarlo. "Ben fatto!" disse l'arcobaleno parlante. "Ora, proseguite verso il lago delle ninfee."

Pino e Fiamma seguirono il sentiero fino al lago delle ninfee. Il lago era tranquillo e circondato da grandi fiori di loto. I pesci colorati nuotavano felici, e le ninfee danzavano sulla superficie dell'acqua.

"È così bello qui!" disse Pino. "Ma come troviamo la strada per l'albero delle meraviglie?"

Un pesce brillante saltò fuori dall'acqua e disse: "Per raggiungere l'albero delle meraviglie, dovete trovare la chiave nascosta sotto una ninfea speciale. La chiave vi guiderà al vostro prossimo passo."

Fiamma e Pino iniziarono a cercare sotto le ninfee. Dopo un po', trovarono una piccola chiave d'oro nascosta sotto una grande ninfea rosa.

"Ce l'abbiamo fatta!" disse Fiamma. "Ora dobbiamo seguire la chiave."

La chiave brillava e guidava Pino e Fiamma verso una grande radura nel bosco. Al centro della radura, c'era un grande albero con foglie dorate e frutti colorati.

"Guardate, è l'albero delle meraviglie!" esclamò Pino.

L'albero delle meraviglie aveva una porta segreta nascosta tra le foglie. Pino usò la chiave d'oro per aprire la porta. Dentro, trovarono un grande scrigno del tesoro.

"Che meraviglia!" disse Fiamma. "Apriamolo!"

Pino aprì lo scrigno e dentro trovarono una bellissima corona di fiori, una scintillante pietra preziosa e una pergamena. Fiamma lesse ad alta voce: "A chi trova questo tesoro, concedo un desiderio speciale. Usatelo con saggezza e con cuore puro."

"Che cosa dovremmo desiderare?" chiese Pino.

Fiamma pensò per un momento e poi disse: "Desideriamo che il nostro bosco rimanga sempre felice e in armonia, così che tutti gli animali e le piante possano vivere in pace e gioia."

Lo scrigno brillò e la magia del desiderio si diffuse nel bosco. Tutto intorno a loro, il bosco diventò ancora più luminoso e colorato. Gli alberi sembravano sorridere, e gli animali saltellavano felici.

"Abbiamo fatto un buon desiderio," disse Pino. "Grazie per questa meravigliosa avventura."

"Grazie a te, Pino," rispose Fiamma. "E grazie alla nostra amicizia che ci ha portato fin qui."

Pino e Fiamma tornarono a casa, felici e soddisfatti. Ogni volta che si trovavano nella loro radura, ricordavano il loro viaggio e la magia del tesoro. Sapevano che, anche se le avventure possono finire, la loro amicizia e la bellezza del loro bosco sarebbero durate per sempre.

E così, Pino e Fiamma continuarono a vivere felici nel loro bosco, sempre pronti a scoprire nuove meraviglie e a condividere momenti speciali insieme.

Pine and Flame's Extraordinary Journey

In a quiet corner of the forest, there lived a little squirrel named Pine and a sparkling butterfly named Flame. Pine loved nuts, while Flame adored flying among colorful flowers. They were best friends and spent every day playing and exploring their wonderful world.

One day, while Pine and Flame were playing near a stream, Flame noticed a mysterious map hidden among the leaves. The map was colorful and full of strange drawings.

"Look, Pine!" exclaimed Flame. "I found a map! It might lead us to an amazing adventure."

Pine approached curiously. "What does the map say?"

Flame carefully studied the map and replied, "It looks like it shows the way to a hidden treasure in the heart of the forest. We need to cross the rainbow bridge, pass the lily pad lake, and find the tree of wonders."

Pine and Flame exchanged excited looks. "It sounds like an incredible adventure!" said Pine. "Let's go right away!"

Their first stop was the rainbow bridge. They walked through the forest until they found a beautiful bridge shimmering with all the colors of the rainbow.

"Wow, it's magnificent!" exclaimed Pine. "But how do we cross it?"

A sweet voice replied, "To cross the bridge, you must solve a riddle!"

A small cloud of colors, which turned out to be a talking rainbow, continued: "Listen carefully. I am light as a feather, but no one can hold me. What am I?"

Flame thought for a moment and then said, "It's breath!"

The rainbow bridge sparkled even more and opened up, allowing Pine and Flame to cross it. "Well done!" said the talking rainbow. "Now, continue towards the lily pad lake."

Pine and Flame followed the path to the lily pad lake. The lake was calm and surrounded by large lotus flowers. Colorful fish swam happily, and the lilies danced on the water's surface.

"It's so beautiful here!" said Pine. "But how do we find the way to the tree of wonders?"

A shiny fish jumped out of the water and said, "To reach the tree of wonders, you need to find the key hidden under a special lily pad. The key will guide you to your next step."

Flame and Pine began searching under the lilies. After a while, they found a small golden key hidden under a large pink lily.

"We found it!" said Flame. "Now we need to follow the key."

The key glowed and guided Pine and Flame to a large clearing in the forest. In the center of the clearing stood a great tree with golden leaves and colorful fruits.

"Look, it's the tree of wonders!" exclaimed Pine.

The tree of wonders had a secret door hidden among the leaves. Pine used the golden key to open the door. Inside, they found a large treasure chest.

"How wonderful!" said Flame. "Let's open it!"

Pine opened the chest and inside they found a beautiful flower crown, a sparkling gemstone, and a scroll. Flame read aloud: "To whoever finds this treasure, I grant a special wish. Use it wisely and with a pure heart."

"What should we wish for?" asked Pine.

Flame thought for a moment and then said, "Let's wish for our forest to always stay happy and in harmony, so that all the animals and plants can live in peace and joy."

The chest glowed, and the magic of the wish spread throughout the forest. All around them, the forest became even brighter and more colorful. The trees seemed to smile, and the animals hopped around happily.

"We made a good wish," said Pine. "Thank you for this wonderful adventure."

"Thank you, Pine," replied Flame. "And thank you for our friendship that brought us here."

Pine and Flame went home, happy and satisfied. Whenever they were in their clearing, they remembered their journey and the magic of the treasure. They knew that even though adventures might end, their friendship and the beauty of their forest would last forever.

And so, Pine and Flame continued to live happily in their forest, always ready to discover new wonders and share special moments together.

Il Grande Viaggio di Berta e Leo

Nel cuore di un bosco verde e rigoglioso, vivevano due migliori amici: Berta, una buffa tartaruga con un guscio a strisce verdi e gialle, e Leo, un agile coniglietto con pelliccia morbida e bianca come la neve. Berta e Leo amavano esplorare insieme il loro bosco, scoprendo posti nuovi e facendo nuove amicizie.

Un giorno, mentre Berta e Leo stavano giocando vicino a un ruscello scintillante, Leo trovò una strana pietra lucente tra le foglie. Era una pietra brillante, che cambiava colore a seconda della luce del sole.

"Guarda, Berta!" esclamò Leo, mostrando la pietra. "Cosa pensi che sia?"

Berta si avvicinò lentamente e osservò la pietra con attenzione. "Non ne sono sicura, ma potrebbe essere un indizio per una grande avventura! Dobbiamo scoprire di cosa si tratta."

Leo, entusiasta, disse: "Sì! Partiamo subito per scoprire il mistero di questa pietra."

La pietra sembrava brillare e guidare Berta e Leo verso una vecchia mappa che era nascosta tra le radici di un grande albero. La mappa era colorata e mostrava il percorso verso una meta misteriosa.

"Wow, guarda qui!" disse Berta, che stava studiando la mappa. "La mappa ci mostra un percorso che porta a una cascata incantata. Sembra un'avventura emozionante!"

Leo saltò di gioia. "Andiamo subito! Non vedo l'ora di vedere cosa ci aspetta."

Berta e Leo seguirono il sentiero che la mappa indicava. Attraversarono prati fioriti e boschetti ombrosi. Dopo un po', arrivarono a un grande ponte di legno che attraversava un fiume tranquillo.

Sul ponte c'era una rana verde e allegra di nome Rina. "Ciao, amici!" disse Rina. "Per attraversare il ponte dovete risolvere un indovinello. Solo allora il ponte si aprirà."

"Un indovinello?" chiese Leo. "Siamo pronti!"

Rina si schiarì la voce e disse: "Sono grande e bianco, ma non sono una nuvola. Non puoi toccarmi, ma puoi saltare su di me. Cosa sono?"

Berta pensò per un momento e poi disse: "È la neve!"

Il ponte si aprì con un rumore leggero, e Rina applaudì. "Bravissimi! Potete passare. La cascata incantata vi aspetta."

Berta e Leo attraversarono il ponte e proseguirono il loro viaggio. Dopo un po', si trovarono davanti a un lago circondato da fiori colorati e piante esotiche. La mappa indicava che dovevano trovare una grotta nascosta vicino al lago.

"Cosa dobbiamo fare ora?" chiese Leo.

"Basta seguire le indicazioni della mappa," rispose Berta. "Dovremmo cercare una grotta tra le rocce vicino al lago."

Dopo aver cercato attentamente, trovarono una piccola grotta nascosta dietro una cascata di fiori blu. Dentro la grotta, c'era un grande libro con una copertura dorata.

Leo e Berta aprirono il libro e trovarono una pagina che diceva: "Per raggiungere la cascata incantata, dovete cantare una canzone speciale. La canzone farà apparire il sentiero nascosto."

Berta e Leo iniziarono a cantare una dolce canzone che avevano imparato insieme. La loro melodia riempì la grotta e si diffuse nel bosco. Improvvisamente, una porta segreta si aprì sul lato della grotta e rivelò un sentiero scintillante.

"È incredibile!" disse Leo. "Seguiamo il sentiero!"

Il sentiero scintillante li condusse attraverso un bosco di alberi luminosi e fiori brillanti fino a una grande cascata. L'acqua cadeva giù come un velo di cristallo, e intorno alla cascata c'erano arcobaleni e lucciole che brillavano.

"Guardate quanto è bella!" esclamò Berta. "È proprio la cascata incantata!"

Sulla base della cascata c'era una pietra grande e piatta con un altro indizio inciso sopra. Leo lesse ad alta voce: "Chi trova questa cascata deve fare un desiderio. Ma ricorda, il desiderio deve essere fatto con il cuore."

Berta e Leo si guardarono e pensarono a cosa desiderare. Poi Berta disse: "Desideriamo che tutti nel nostro bosco vivano felici e in armonia, e che possiamo sempre fare nuove avventure insieme."

Chiusero gli occhi e fecero il loro desiderio. La cascata brillò e l'intero bosco sembrò rispondere al loro desiderio. Gli alberi ondeggiavano, le foglie brillavano, e gli animali del bosco festeggiavano con gioia.

"Il nostro desiderio è stato esaudito!" disse Leo, felice. "È stata un'avventura meravigliosa."

"Sì," confermò Berta. "E ora il nostro bosco sarà ancora più bello. Grazie per aver condiviso questa avventura con me."

Berta e Leo tornarono a casa con il cuore pieno di gioia e meraviglia. Ogni volta che passavano vicino alla cascata incantata, ricordavano il loro viaggio e il desiderio che avevano fatto. Sapevano che, anche se le avventure potevano finire, la loro amicizia e la bellezza del loro bosco sarebbero durate per sempre.

E così, Berta e Leo continuarono a vivere felici nel loro bosco, sempre pronti a scoprire nuove meraviglie e a condividere momenti speciali insieme.

Berta and Leo's Great Adventure

In the heart of a lush and green forest lived two best friends: Berta, a funny turtle with a shell striped in green and yellow, and Leo, a nimble rabbit with soft, snow-white fur. Berta and Leo loved exploring their forest together, discovering new places and making new friends.

One day, while Berta and Leo were playing near a sparkling stream, Leo found a strange, glowing stone hidden among the leaves. It was a shiny stone that changed color depending on the sunlight.

"Look, Berta!" exclaimed Leo, showing her the stone. "What do you think it is?"

Berta slowly approached and examined the stone closely. "I'm not sure, but it might be a clue to a grand adventure! We should find out what it means."

Leo, excited, said, "Yes! Let's start immediately to uncover the mystery of this stone."

The stone seemed to glow and guide Berta and Leo towards an old map hidden among the roots of a large tree. The map was colorful and showed a path to a mysterious destination.

"Wow, look at this!" said Berta, studying the map. "The map shows a route leading to an enchanted waterfall. It looks like an exciting adventure!"

Leo hopped with joy. "Let's go right away! I can't wait to see what awaits us."

Berta and Leo followed the path indicated by the map. They crossed flower-filled meadows and shady woods. After a while, they arrived at a large wooden bridge spanning a tranquil river.

On the bridge was a cheerful green frog named Rina. "Hello, friends!" said Rina. "To cross the bridge, you need to solve a riddle. Only then will the bridge open."

"A riddle?" asked Leo. "We're ready!"

Rina cleared her throat and said, "I am big and white, but I'm not a cloud. You can't touch me, but you can jump on me. What am I?"

Berta thought for a moment and then said, "It's snow!"

The bridge opened with a soft creak, and Rina clapped her hands. "Well done! You may cross. The enchanted waterfall awaits you."

Berta and Leo crossed the bridge and continued their journey. After a while, they found themselves in front of a lake surrounded by colorful flowers and exotic plants. The map indicated they needed to find a hidden cave near the lake.

"What should we do now?" asked Leo.

"Just follow the map's directions," replied Berta. "We should look for a cave among the rocks by the lake."

After searching carefully, they found a small cave hidden behind a waterfall of blue flowers. Inside the cave, there was a large book with a golden cover.

Leo and Berta opened the book and found a page that said: "To reach the enchanted waterfall, you must sing a special song. The song will reveal the hidden path."

Berta and Leo began to sing a sweet song they had learned together. Their melody filled the cave and spread through the forest. Suddenly, a secret door opened on the side of the cave, revealing a shimmering path.

"It's incredible!" said Leo. "Let's follow the path!"

The shimmering path led them through a forest of glowing trees and bright flowers to a grand waterfall. The water cascaded down like a veil of crystal, and around the waterfall were rainbows and glowing fireflies.

"Look how beautiful it is!" exclaimed Berta. "It's the enchanted waterfall!"

At the base of the waterfall was a large, flat stone with another clue engraved on it. Leo read aloud: "Whoever finds this waterfall must make a wish. But remember, the wish must be made with the heart."

Berta and Leo looked at each other and thought about what to wish for. Then Berta said, "Let's wish for everyone in our forest to live happily and in harmony, and that we can always have new adventures together."

They closed their eyes and made their wish. The waterfall sparkled, and the entire forest seemed to respond to their wish. The trees swayed, the leaves shimmered, and the forest animals celebrated with joy.

"Our wish has come true!" said Leo, happy. "It has been a wonderful adventure."

"Yes," agreed Berta. "And now our forest will be even more beautiful. Thank you for sharing this adventure with me."

Berta and Leo went home with their hearts full of joy and wonder. Every time they passed by the enchanted waterfall, they remembered their journey and the wish they had made. They knew that even though adventures might end, their friendship and the beauty of their forest would last forever.

And so, Berta and Leo continued to live happily in their forest, always ready to discover new wonders and share special moments together.

Il Segreto della Felicità

Nel cuore di un colorato bosco, vivevano due amici speciali: Nino, un piccolo riccio con spine marroni e dorate, e Luna, una dolce farfalla con ali blu e argento. Nino e Luna erano inseparabili e passavano le giornate giocando insieme, scoprendo angoli magici del bosco e facendo nuove scoperte.

Un giorno, mentre Nino e Luna giocavano vicino a un lago scintillante, notarono qualcosa di strano. Una piccola foglia dorata galleggiava sull'acqua. Nino, curioso, la raccolse e la guardò attentamente.

"Guarda, Luna!" esclamò Nino. "C'è qualcosa scritto sulla foglia!"

Luna si avvicinò e lesse ad alta voce: "Il segreto della felicità si trova dove il sole bacia il bosco e il sorriso è sempre presente."

Nino e Luna si scambiarono uno sguardo perplesso. "Dove potrà essere questo posto?" chiese Nino.

Luna pensò per un momento e poi disse: "Forse dobbiamo cercare un luogo speciale nel bosco dove il sole brilla e tutti sono felici. Andiamo a cercarlo!"

Nino e Luna iniziarono a camminare attraverso il bosco. Passarono accanto a alberi alti e fiori colorati, ma non trovavano nulla che sembrasse speciale. Dopo un po', incontrarono una volpe rossa di nome Vicky, che stava giocando con le sue cucciolate.

"Ciao, Vicky!" disse Luna. "Sai qualcosa sul segreto della felicità? Abbiamo trovato questa foglia e stiamo cercando il luogo dove il sole bacia il bosco e il sorriso è sempre presente."

Vicky, con un sorriso, rispose: "Ah, il segreto della felicità! Si dice che si trovi nel Luogo del Sole, dove tutti gli animali si riuniscono per festeggiare e divertirsi. Dovete andare oltre la Collina dei Fiori e attraversare il Ponte delle Stelle."

"Grazie, Vicky!" disse Nino. "Andremo subito a cercarlo!"

Nino e Luna proseguirono il loro viaggio verso la Collina dei Fiori. La collina era coperta di fiori profumati e colorati che ondeggiavano dolcemente nel vento. I colori brillanti e il profumo delle piante facevano sentire a Nino e Luna una gioia contagiosa.

"Che bel posto!" disse Nino. "Ma ora dobbiamo attraversare il Ponte delle Stelle."

Arrivarono al Ponte delle Stelle, un ponte magico fatto di luci scintillanti che brillavano come le stelle nel cielo. Ma il ponte era chiuso da una porta dorata.

"Come possiamo aprire questa porta?" chiese Luna.

Una piccola luce, che sembrava una stella danzante, si avvicinò e disse: "Per aprire la porta, dovete cantare una canzone di felicità. La canzone farà brillare il ponte e vi condurrà al Luogo del Sole."

Nino e Luna iniziarono a cantare una canzone allegra che avevano imparato da tempo. La loro melodia riempì l'aria e la porta dorata si aprì lentamente. Il Ponte delle Stelle brillò ancora di più, e Nino e Luna lo attraversarono con entusiasmo.

Dall'altra parte del ponte, si trovavano davanti a una radura incantevole, piena di animali felici che ballavano e cantavano insieme. C'erano conigli, uccellini, cervi e persino orsetti che festeggiavano in armonia.

"Wow, è il Luogo del Sole!" esclamò Luna. "È così meraviglioso!"

Nino e Luna si unirono alla festa, ballando e cantando con gli altri animali. Ogni sorriso e risata riempivano l'aria di gioia e felicità. In mezzo alla radura c'era un grande albero con una tavola imbandita di frutti colorati e dolci prelibatezze.

Un anziano gufo saggio si avvicinò a Nino e Luna e disse: "Benvenuti al Luogo del Sole. Il segreto della felicità è proprio qui: è il sorriso e la gioia che condividiamo con gli altri. Quando siamo felici e facciamo felici anche gli altri, la felicità cresce e si diffonde."

Nino e Luna ascoltarono attentamente e capirono il vero significato del messaggio. "Quindi, la felicità è qualcosa che possiamo condividere con gli altri," disse Nino.

"Esatto," rispose il gufo. "E ogni volta che sorridiamo e ci prendiamo cura degli altri, il bosco diventa un luogo ancora più felice."

Nino e Luna passarono il resto della giornata al Luogo del Sole, godendosi la compagnia degli altri animali e facendo tante nuove amicizie. Ogni volta che ridevano o facevano felici gli altri, si sentivano sempre più felici anche loro.

Quando il sole iniziò a calare e le stelle iniziarono a brillare nel cielo, Nino e Luna si congedarono dagli amici e tornarono a casa, felici e soddisfatti.

"Abbiamo trovato il segreto della felicità," disse Luna. "È nella gioia che condividiamo con gli altri."

"Sì," confermò Nino. "E ogni giorno possiamo fare felici gli altri con i nostri sorrisi e la nostra amicizia."

Berta e Leo tornarono a casa con il cuore pieno di gioia e gratitudine. Ogni volta che vedevano un sorriso o aiutavano qualcuno, si ricordavano del Luogo del Sole e del vero segreto della felicità. Sapevano che, anche se le avventure potevano finire, la gioia e l'amicizia che condividevano sarebbero durate per sempre.

E così, Nino e Luna continuarono a vivere felici nel loro bosco, sempre pronti a condividere la loro felicità e a fare del loro meglio per rendere il loro mondo un posto migliore.

The Secret of Happiness

In the heart of a colorful forest lived two special friends: Nino, a small hedgehog with brown and golden spines, and Luna, a sweet butterfly with blue and silver wings. Nino and Luna were inseparable and spent their days playing together, discovering magical corners of the forest, and making new discoveries.

One day, while Nino and Luna were playing near a sparkling lake, they noticed something strange. A small golden leaf was floating on the water. Curious, Nino picked it up and looked at it closely.

"Look, Luna!" exclaimed Nino. "There's something written on the leaf!"

Luna approached and read aloud: "The secret of happiness is found where the sun kisses the forest and the smile is always present."

Nino and Luna exchanged puzzled looks. "Where could this place be?" asked Nino.

Luna thought for a moment and then said, "Maybe we need to find a special place in the forest where the sun shines and everyone is happy. Let's go look for it!"

Nino and Luna started walking through the forest. They passed by tall trees and colorful flowers, but they couldn't find anything that seemed special. After a while, they met a red fox named Vicky, who was playing with her cubs.

"Hi, Vicky!" said Luna. "Do you know anything about the secret of happiness? We found this leaf and are searching for the place where the sun kisses the forest and the smile is always present."

Vicky, with a smile, replied: "Ah, the secret of happiness! It is said to be found in the Sun Place, where all the animals gather to celebrate and have fun. You need to go beyond the Hill of Flowers and cross the Bridge of Stars."

"Thank you, Vicky!" said Nino. "We'll go right away to find it!"

Nino and Luna continued their journey towards the Hill of Flowers. The hill was covered with fragrant and colorful flowers that swayed gently in the wind. The bright colors and the scent of the plants filled Nino and Luna with contagious joy.

"What a beautiful place!" said Nino. "But now we need to cross the Bridge of Stars."

They arrived at the Bridge of Stars, a magical bridge made of sparkling lights that shone like stars in the sky. But the bridge was closed by a golden door.

"How can we open this door?" asked Luna.

A small light, which looked like a dancing star, approached and said, "To open the door, you need to sing a song of happiness. The song will make the bridge shine and lead you to the Sun Place."

Nino and Luna began to sing a cheerful song they had learned long ago. Their melody filled the air, and the golden door slowly opened. The Bridge of Stars shone even brighter, and Nino and Luna crossed it with enthusiasm.

On the other side of the bridge, they found themselves in front of an enchanting clearing, filled with happy animals dancing and singing together. There were rabbits, birds, deer, and even little bears celebrating in harmony.

"Wow, it's the Sun Place!" exclaimed Luna. "It's so wonderful!"

Nino and Luna joined the party, dancing and singing with the other animals. Every smile and laughter filled the air with joy and happiness. In the middle of the clearing, there was a big tree with a table full of colorful fruits and sweet treats.

An old wise owl approached Nino and Luna and said, "Welcome to the Sun Place. The secret of happiness is right here: it is the smile and joy we share with others. When we are happy and make others happy, happiness grows and spreads."

Nino and Luna listened carefully and understood the true meaning of the message. "So, happiness is something we can share with others," said Nino.

"Exactly," replied the owl. "And every time we smile and care for others, the forest becomes an even happier place."

Nino and Luna spent the rest of the day at the Sun Place, enjoying the company of the other animals and making many new friends. Every time they laughed or made others happy, they felt even happier themselves.

As the sun began to set and the stars started to twinkle in the sky, Nino and Luna said goodbye to their friends and headed home, happy and satisfied.

"We've found the secret of happiness," said Luna. "It's in the joy we share with others."

"Yes," agreed Nino. "And every day we can make others happy with our smiles and friendship."

Nino and Luna returned home with their hearts full of joy and gratitude. Every time they saw a smile or helped someone, they remembered the Sun Place and the true secret of happiness. They knew that even though adventures might end, the joy and friendship they shared would last forever.

And so, Nino and Luna continued to live happily in their forest, always ready to share their happiness and do their best to make their world a better place.

Il Giorno Piovoso di Lupo e Riccio

———

Nel cuore di un bosco incantato, vivevano due amici speciali: Lupo, un lupo gentile con pelliccia grigia e occhi brillanti, e Riccio, un piccolo riccio con spine dorate e un nasino aguzzo. Lupo e Riccio adoravano passare il tempo insieme, esplorando la foresta e giocando sotto il sole.

Un giorno, mentre il sole splendeva e gli uccellini cinguettavano, il cielo cominciò a coprirsi di nuvole grigie. Lupo e Riccio si guardarono e notarono che le nuvole sembravano sempre più scure.

"Guarda, Lupo!" disse Riccio. "Sembra che stia per piovere."

Lupo annuì e rispose: "Sì, ma non dobbiamo preoccupaci. Anche se piove, possiamo trovare qualcosa di divertente da fare!"

Proprio mentre parlavano, iniziarono a cadere le prime gocce di pioggia. Lupo e Riccio corsero a rifugiarsi sotto un grande albero. Le gocce di pioggia picchiettavano sul fogliame e creavano una dolce melodia.

"Che cosa facciamo adesso?" chiese Riccio, guardando la pioggia.

Lupo pensò per un momento e poi disse: "Forse possiamo costruire una casetta di legno per ripararci dalla pioggia. Così potremo restare asciutti e divertirci."

Riccio, entusiasta dell'idea, esclamò: "Sì, ottima idea! Andiamo a trovare dei materiali."

I due amici iniziarono a cercare nel bosco legnetti e foglie grandi. Lupo trovò dei rami robusti e Riccio raccolse delle foglie grandi e verdi. Insieme, iniziarono a costruire una piccola casetta sotto l'albero.

Mentre lavoravano, il cielo diventava sempre più scuro e la pioggia diventava più intensa. Ma Lupo e Riccio non si lasciarono scoraggiare. Continuarono a lavorare, cantando una canzone allegra per tenere alta l'energia.

Finalmente, dopo un po', la casetta era pronta. Era piccola ma accogliente, e Lupo e Riccio si rifugiarono all'interno, asciutti e felici.

"Abbiamo fatto un ottimo lavoro!" disse Lupo, guardando orgoglioso la loro creazione.

"È davvero bella," confermò Riccio. "E adesso possiamo fare qualcosa di divertente all'interno!"

Lupo e Riccio iniziarono a giocare con i giochi che avevano portato con loro: c'erano i puzzle, i mattoncini colorati e i libri di storie. Mentre giocavano, sentivano il rumore della pioggia che continuava a cadere fuori dalla casetta.

Improvvisamente, udirono un leggero bussare sulla loro casetta. Lupo e Riccio si guardarono sorpresi.

"Chi sarà?" chiese Riccio.

Lupo aprì la porta della casetta e vide una piccola rana verde con un cappellino rosso. La rana, di nome Fanny, era tutta bagnata e tremava leggermente.

"Ciao," disse Fanny. "Sono scappata dalla pioggia e ho visto la vostra casetta. Posso entrare e riscaldarmi un po'?"

"Certamente!" rispose Lupo, facendole spazio. "Entra pure, Fanny."

Fanny entrò nella casetta e si sistemò vicino al fuoco che Lupo aveva acceso con delle foglie secche. "Grazie mille," disse Fanny. "Ero così fredda e bagnata."

Riccio le offrì una tazza di tè caldo e Fanny la bevve con gusto. "Cosa stavate facendo qui dentro?" chiese Fanny.

"Stavamo giocando e divertendoci," rispose Lupo. "E tu, come hai trovato la nostra casetta?"

Fanny spiegò che stava cercando un posto asciutto per rifugiarsi dalla pioggia e aveva visto il fumo del fuoco dalla loro casetta. "Sono contenta di avervi trovato," disse Fanny. "Siete così gentili ad accogliermi."

Lupo, Riccio e Fanny passarono il resto della giornata raccontandosi storie e giocando insieme. Anche se fuori continuava a piovere, dentro la casetta era caldo e accogliente. La compagnia di Fanny rese il giorno piovoso molto più allegro.

"Mi sono divertita molto oggi," disse Fanny. "Non avrei mai pensato che una giornata di pioggia potesse essere così speciale."

"Anch'io," disse Riccio. "A volte le giornate di pioggia possono essere davvero divertenti."

Lupo e Riccio concordarono. "È vero," disse Lupo. "Anche se piove, possiamo sempre trovare un modo per divertirci e stare bene."

Quando la pioggia finalmente cessò e il sole cominciò a riapparire, Fanny si preparò a tornare a casa. "Grazie ancora per la vostra ospitalità," disse Fanny. "Non dimenticherò mai questa giornata."

"È stato un piacere averti con noi," disse Riccio. "Spero che possiamo trascorrere insieme altre giornate felici."

Fanny salutò Lupo e Riccio e tornò a casa sua, felice e asciutta. Lupo e Riccio guardarono il cielo che si schiariva e si resero conto che, anche se la pioggia aveva cambiato i loro piani, era stata una giornata speciale grazie all'amicizia e alla gentilezza che avevano condiviso.

"È stato un giorno meraviglioso," disse Lupo, sorridendo.

"Sì," confermò Riccio. "E abbiamo imparato che anche nei giorni di pioggia possiamo trovare la felicità."

E così, Lupo e Riccio tornarono alle loro avventure nel bosco, sempre pronti a affrontare qualsiasi tempo e a fare nuovi amici lungo il cammino. Anche nei giorni di pioggia, sapevano che l'amicizia e la gioia erano sempre intorno a loro.

Lupo and Riccio's Rainy Day

In the heart of an enchanted forest, lived two special friends: Lupo, a kind wolf with gray fur and bright eyes, and Riccio, a small hedgehog with golden spines and a little nose. Lupo and Riccio loved spending time together, exploring the forest and playing under the sun.

One day, while the sun was shining and the birds were singing, the sky began to cover with gray clouds. Lupo and Riccio looked at each other and noticed that the clouds were getting darker and darker.

"Look, Lupo!" said Riccio. "It looks like it's going to rain."

Lupo nodded and replied, "Yes, but we shouldn't worry. Even if it rains, we can find something fun to do!"

Just as they were talking, the first raindrops began to fall. Lupo and Riccio ran to take shelter under a large tree. The raindrops pitter-pattered on the leaves and created a sweet melody.

"What should we do now?" asked Riccio, watching the rain.

Lupo thought for a moment and then said, "Maybe we can build a wooden hut to stay dry. That way, we can stay dry and have fun."

Riccio, excited about the idea, exclaimed, "Yes, great idea! Let's find some materials."

The two friends began to search the forest for sticks and large leaves. Lupo found some sturdy branches, and Riccio gathered large green leaves. Together, they started building a small hut under the tree.

As they worked, the sky grew darker and the rain became heavier. But Lupo and Riccio were undeterred. They continued working, singing a cheerful song to keep their spirits high.

Finally, after a while, the hut was ready. It was small but cozy, and Lupo and Riccio took refuge inside, dry and happy.

"We did a great job!" said Lupo, looking proudly at their creation.

"It's really nice," confirmed Riccio. "And now we can do something fun inside!"

Lupo and Riccio began to play with the games they had brought with them: there were puzzles, colorful blocks, and storybooks. As they played, they could hear the sound of the rain continuing to fall outside the hut.

Suddenly, they heard a light knocking on their hut. Lupo and Riccio looked at each other in surprise.

"Who could it be?" asked Riccio.

Lupo opened the door of the hut and saw a small green frog with a red hat. The frog, named Fanny, was all wet and shivering slightly.

"Hello," said Fanny. "I've escaped from the rain and saw your hut. Can I come in and warm up a bit?"

"Of course!" replied Lupo, making space for her. "Come in, Fanny."

Fanny entered the hut and settled down next to the fire that Lupo had started with dry leaves. "Thank you so much," said Fanny. "I was so cold and wet."

Riccio offered her a cup of hot tea, and Fanny drank it gratefully. "What were you doing inside?" asked Fanny.

"We were playing and having fun," answered Lupo. "And you, how did you find our hut?"

Fanny explained that she was looking for a dry place to shelter from the rain and had seen the smoke from their hut. "I'm glad I found you," said Fanny. "You're so kind to welcome me."

Lupo, Riccio, and Fanny spent the rest of the day telling stories and playing together. Even though it continued to rain outside, the inside of the hut was warm and welcoming. Fanny's company made the rainy day much brighter.

"I had a lot of fun today," said Fanny. "I never thought a rainy day could be so special."

"Me too," said Riccio. "Sometimes rainy days can be really fun."

Lupo and Riccio agreed. "It's true," said Lupo. "Even if it rains, we can always find a way to have fun and feel good."

When the rain finally stopped and the sun began to reappear, Fanny prepared to go home. "Thank you again for your hospitality," said Fanny. "I will never forget this day."

"It was a pleasure to have you with us," said Riccio. "I hope we can spend more happy days together."

Fanny said goodbye to Lupo and Riccio and went back to her home, happy and dry. Lupo and Riccio looked at the clearing sky and realized that, although the rain had changed their plans, it had been a special day thanks to the friendship and kindness they had shared.

"It was a wonderful day," said Lupo, smiling.

"Yes," agreed Riccio. "And we learned that even on rainy days we can find happiness."

And so, Lupo and Riccio continued their adventures in the forest, always ready to face any weather and make new friends along the way. Even on rainy days, they knew that friendship and joy were always around them.

Il Magico Giorno

Nel cuore di una foresta colorata, vivevano due amici speciali: Tino, un piccolo orsetto marrone con un grande sorriso, e Sisi, una vivace coniglietta bianca con orecchie lunghe e morbide. Tino e Sisi amavano esplorare il bosco insieme, scoprendo nuovi posti e facendo tante risate.

Un giorno, mentre passeggiavano vicino al ruscello scintillante, trovarono una strana pietra lucente. Sisi, curiosa, si chinò e la guardò da vicino. La pietra brillava di tanti colori diversi.

"Guarda, Tino!" esclamò Sisi. "Questa pietra è così bella! Cosa potrebbe essere?"

Tino si avvicinò e osservò attentamente. "Non lo so, ma sembra magica! Forse ha un segreto da raccontarci."

Sisi e Tino decisero di portare la pietra al saggio gufo Oliver, che viveva su un grande albero nel centro del bosco. Oliver era famoso per la sua saggezza e conosceva molti segreti del bosco.

Quando arrivarono all'albero di Oliver, Tino bussò delicatamente sulla corteccia. Il gufo sbucò fuori dal suo nido, indossando occhiali rotondi e un'espressione curiosa.

"Ciao, Oliver!" disse Sisi. "Abbiamo trovato questa pietra nel bosco. È così luminosa e colorata. Sai cosa potrebbe essere?"

Oliver esaminò la pietra con attenzione, inclinando la testa da un lato. "Ah, questa è una Pietra dei Desideri," disse Oliver con un sorriso. "Si dice che chi trova una Pietra dei Desideri possa esprimere un desiderio speciale, ma deve essere un desiderio fatto con il cuore."

Tino e Sisi si guardarono sorpresi. "Un desiderio speciale!" ripeté Tino. "Cosa dovremmo desiderare?"

Oliver pensò per un momento e poi disse: "Un desiderio fatto con il cuore è qualcosa che può aiutare gli altri e rendere il mondo un posto migliore. Pensateci bene e scegliete con saggezza."

Tino e Sisi rifletterono su cosa desiderare. Poi Sisi ebbe un'idea. "Desideriamo che il nostro bosco diventi ancora più felice e che tutti gli animali possano vivere in armonia."

Tino annuì. "Mi sembra un desiderio fantastico! Facciamolo!"

I due amici chiusero gli occhi e tennero la pietra stretta tra le mani. Con il cuore pieno di speranza, espressero il loro desiderio: "Vogliamo che il nostro bosco diventi un luogo di gioia e armonia per tutti gli animali!"

La pietra cominciò a brillare intensamente e un arcobaleno di colori si diffuse nel cielo sopra il bosco. Gli alberi sembravano danzare e gli uccelli cinguettavano felici. Gli animali del bosco si radunarono e iniziarono a festeggiare.

"Guarda, Sisi!" esclamò Tino. "Il nostro desiderio sta prendendo vita!"

Sisi sorrideva felice. "Sì, è meraviglioso! Tutti sembrano così felici!"

Oliver, osservando la scena, si avvicinò ai due amici e disse: "Avete fatto un desiderio molto bello. La vostra gentilezza ha portato gioia a tutti. Ricordate sempre che anche i piccoli gesti di gentilezza possono avere un grande impatto."

Tino e Sisi ringraziarono Oliver e tornarono a casa, pieni di gioia. Mentre camminavano, notavano che il bosco era cambiato. Gli alberi erano più verdi, i fiori più colorati, e tutti gli animali sembravano più felici.

"Questa giornata è stata davvero magica," disse Tino. "Abbiamo aiutato a rendere il nostro bosco un posto migliore."

"Sì," confermò Sisi. "E ora possiamo godere della felicità che abbiamo contribuito a creare."

La sera, mentre il sole tramontava e le stelle cominciavano a brillare, Tino e Sisi si sedettero insieme su una collina e guardarono il cielo. La loro amicizia e il loro desiderio avevano portato una nuova luce al bosco.

"Che bel giorno," disse Sisi. "Spero che possiamo continuare a fare cose buone per il nostro bosco."

"Anche io," rispose Tino. "Ogni giorno è un'opportunità per rendere il nostro mondo un posto migliore."

Con il cuore colmo di felicità e gratitudine, Tino e Sisi tornarono a casa. Sapevano che, anche se ogni giorno potrà portare nuove avventure, l'importante era che avessero fatto la differenza con il loro desiderio sincero e la loro amicizia.

E così, Tino e Sisi continuarono a vivere felici nel loro bosco incantato, pronti a scoprire nuovi segreti e a fare del bene a tutti coloro che incontravano lungo il cammino.

The Magical Day

In the heart of a colorful forest, lived two special friends: Tino, a small brown bear with a big smile, and Sisi, a lively white bunny with long, soft ears. Tino and Sisi loved exploring the forest together, discovering new places and having lots of laughs.

One day, while they were walking near the sparkling stream, they found a strange shining stone. Sisi, curious, bent down and looked at it closely. The stone sparkled in many different colors.

"Look, Tino!" exclaimed Sisi. "This stone is so beautiful! What could it be?"

Tino approached and examined it carefully. "I don't know, but it looks magical! Maybe it has a secret to tell us."

Sisi and Tino decided to take the stone to the wise owl Oliver, who lived in a large tree in the center of the forest. Oliver was famous for his wisdom and knew many secrets of the forest.

When they arrived at Oliver's tree, Tino gently knocked on the bark. The owl appeared from his nest, wearing round glasses and a curious expression.

"Hello, Oliver!" said Sisi. "We found this stone in the forest. It's so bright and colorful. Do you know what it could be?"

Oliver examined the stone carefully, tilting his head to one side. "Ah, this is a Wish Stone," said Oliver with a smile. "It is said that whoever finds a Wish Stone can make a special wish, but it must be a wish made with the heart."

Tino and Sisi looked at each other, surprised. "A special wish!" repeated Tino. "What should we wish for?"

Oliver thought for a moment and then said, "A wish made with the heart is something that can help others and make the world a better place. Think carefully and choose wisely."

Tino and Sisi reflected on what to wish for. Then Sisi had an idea. "Let's wish for our forest to become even happier and that all the animals can live in harmony."

Tino nodded. "That sounds like a wonderful wish! Let's do it!"

The two friends closed their eyes and held the stone tightly in their hands. With hearts full of hope, they made their wish: "We want our forest to become a place of joy and harmony for all the animals!"

The stone began to glow brightly, and a rainbow of colors spread across the sky above the forest. The trees seemed to dance, and the birds chirped joyfully. The forest animals gathered and began to celebrate.

"Look, Sisi!" exclaimed Tino. "Our wish is coming to life!"

Sisi smiled happily. "Yes, it's wonderful! Everyone seems so happy!"

Oliver, watching the scene, approached the two friends and said, "You made a very beautiful wish. Your kindness has brought joy to everyone. Always remember that even small acts of kindness can have a big impact."

Tino and Sisi thanked Oliver and went home, filled with joy. As they walked, they noticed that the forest had changed. The trees were greener, the flowers more colorful, and all the animals seemed happier.

"This day has been truly magical," said Tino. "We've helped make our forest a better place."

"Yes," agreed Sisi. "And now we can enjoy the happiness we've helped create."

In the evening, as the sun set and the stars began to shine, Tino and Sisi sat together on a hill and looked at the sky. Their friendship and their wish had brought a new light to the forest.

"What a beautiful day," said Sisi. "I hope we can continue to do good things for our forest."

"Me too," replied Tino. "Every day is an opportunity to make our world a better place."

With hearts full of happiness and gratitude, Tino and Sisi went home. They knew that even though each day might bring new adventures, the important thing was that they had made a difference with their sincere wish and their friendship.

And so, Tino and Sisi continued to live happily in their enchanted forest, ready to discover new secrets and do good for everyone they met along the way.

Pippo il Pinguino e il Grande Giorno di Neve

In una lontana terra di ghiaccio e neve, viveva un pinguino di nome Pippo. Pippo era un pinguino vivace e allegro, con una pancia bianca e nera e un nasino arancione. Amava scivolare sul ghiaccio e giocare con i suoi amici nella grande distesa bianca.

Un giorno, mentre Pippo stava giocando vicino al suo igloo, vide delle nuvole bianche e soffici avvicinarsi al cielo. "Oh, sembra che stia per nevicare!" esclamò Pippo, saltando di gioia. "La neve è la mia cosa preferita!"

Gli amici di Pippo erano già entusiasti. C'era Lina, la foca con il suo manto argentato, e Bruno, il piccolo orso polare con le zampette paffute. "Sarà un grande giorno di neve," disse Lina. "Non vedo l'ora di giocare nella neve fresca!"

"Anch'io," disse Bruno, agitandosi. "Ma dobbiamo assicurarci di avere tutto quello che ci serve per divertirci."

Pippo e i suoi amici si misero subito al lavoro. Raccolsero palline di neve, sciarpe colorate e cappelli di lana. Prepararono anche una grande slitta che Pippo aveva costruito con legnetti e corde.

Finalmente, le nuvole iniziarono a scaricare fiocchi di neve che cadevano delicatamente dal cielo. Pippo, Lina e Bruno indossarono i loro cappelli e sciarpe, e si prepararono per il grande giorno di neve.

"Guardate che meraviglia!" esclamò Pippo, osservando il paesaggio che si copriva di un manto bianco e scintillante. "La neve è così soffice e brillante!"

"È bellissima," confermò Lina. "E sarà perfetta per costruire un pupazzo di neve."

"Buona idea!" disse Bruno. "Dobbiamo fare il pupazzo più grande e divertente di sempre!"

I tre amici iniziarono a costruire il pupazzo di neve. Formarono tre grandi palle di neve e le posarono una sopra l'altra. Poi usarono dei pezzi di carbone per fare gli occhi e un pezzo di carota per il naso. Con dei rami trovarono le braccia e una vecchia sciarpa rossa per il collo.

"Il nostro pupazzo di neve è magnifico!" esclamò Pippo, ammirando il lavoro finito. "Ma sembra che abbia bisogno di un cappello."

Pippo cercò tra le sue cose e trovò un vecchio cappello a cilindro. Lo mise sul pupazzo di neve, e ora sembrava ancora più allegro.

"Perfetto!" disse Lina. "Il nostro pupazzo di neve è pronto per la festa!"

La neve continuava a cadere e tutto sembrava ancora più magico. Pippo e i suoi amici decisero di prendere la loro slitta e divertirsi. Si posarono sulla slitta e, con un grande salto, iniziarono a scivolare giù per la collina. La slitta correva veloce e i tre amici ridevano e urlavano di gioia.

"Wow, che velocità!" gridò Bruno, aggrappandosi forte alla slitta.

"È fantastico!" esclamò Pippo, mentre sentiva il vento sulla faccia.

Lina era felice e saltava su e giù sulla slitta. "Questo è il miglior giorno di neve di sempre!" disse con entusiasmo.

Dopo un po', si fermarono per una pausa e si sedettero intorno a un fuoco caldo che avevano acceso. Mentre si scaldavano, iniziarono a raccontare storie e a cantare canzoni.

"Mi piace moltissimo stare insieme a voi," disse Pippo. "La neve è meravigliosa, ma è ancora più bella quando possiamo condividerla con gli amici."

"Sì," confermò Lina. "E oggi abbiamo fatto tante cose divertenti."

Bruno annuì e aggiunse: "E il nostro pupazzo di neve è il migliore di tutti!"

Mentre il sole cominciava a tramontare e il cielo si colorava di sfumature rosa e arancioni, Pippo e i suoi amici tornarono al loro igloo. Erano stanchi ma felici, con i cuori pieni di gioia.

"Grazie a tutti per questa giornata fantastica," disse Pippo. "Abbiamo avuto una giornata di neve che non dimenticheremo mai."

"È stato magnifico," disse Lina. "Non vedo l'ora di avere altri giorni di neve come questo."

"Anche io," disse Bruno. "Ma per ora, è tempo di riposarci e sognare le nostre avventure di neve."

Pippo e i suoi amici entrarono nel loro igloo e si rannicchiarono nei loro letti di neve, con i sogni pieni di giochi e risate. La neve continuava a cadere dolcemente fuori, creando un mondo di meraviglia e bellezza.

"Che giorno meraviglioso," disse Pippo, chiudendo gli occhi. "Non vedo l'ora di scoprire cosa ci riserva il domani."

E così, Pippo il pinguino e i suoi amici continuarono a vivere felici nella loro terra di ghiaccio e neve, pronti a vivere nuove avventure e a godere di ogni magico giorno di neve che il futuro avrebbe portato.

Pippo the Penguin and the Big Snow Day

In a distant land of ice and snow, lived a penguin named Pippo. Pippo was a lively and cheerful penguin, with a white and black belly and an orange nose. He loved sliding on the ice and playing with his friends in the vast white expanse.

One day, while Pippo was playing near his igloo, he saw fluffy white clouds approaching the sky. "Oh, it looks like it's going to snow!" Pippo exclaimed, jumping with joy. "Snow is my favorite thing!"

Pippo's friends were already excited. There was Lina, the seal with her silver coat, and Bruno, the little polar bear with chubby paws. "It's going to be a great snow day," Lina said. "I can't wait to play in the fresh snow!"

"Me too," said Bruno, wiggling with excitement. "But we need to make sure we have everything we need to have fun."

Pippo and his friends quickly got to work. They gathered snowballs, colorful scarves, and woolen hats. They also prepared a large sled that Pippo had built with sticks and ropes.

Finally, the clouds began to drop snowflakes gently from the sky. Pippo, Lina, and Bruno put on their hats and scarves and got ready for the big snow day.

"Look at this wonder!" Pippo exclaimed, watching the landscape covered in a white, sparkling blanket. "The snow is so soft and bright!"

"It's beautiful," Lina agreed. "And it will be perfect for building a snowman."

"Great idea!" said Bruno. "We need to make the biggest and most fun snowman ever!"

The three friends started building the snowman. They made three large snowballs and stacked them on top of each other. Then they used pieces of coal for the eyes and a piece of carrot for the nose. With some branches, they made the arms and an old red scarf for the neck.

"Our snowman is magnificent!" Pippo exclaimed, admiring their finished work. "But it looks like it needs a hat."

Pippo searched through his things and found an old top hat. He placed it on the snowman, and now it looked even happier.

"Perfect!" said Lina. "Our snowman is ready for the party!"

The snow continued to fall, and everything looked even more magical. Pippo and his friends decided to take their sled and have some fun. They got on the sled and, with a big push, started sliding down the hill. The sled raced fast, and the three friends laughed and shouted with joy.

"Wow, what speed!" Bruno shouted, holding on tight to the sled.

"This is fantastic!" exclaimed Pippo, feeling the wind on his face.

Lina was thrilled and bounced up and down on the sled. "This is the best snow day ever!" she said with excitement.

After a while, they stopped for a break and sat around a warm fire they had built. As they warmed up, they started telling stories and singing songs.

"I love being with you," said Pippo. "Snow is wonderful, but it's even better when we can share it with friends."

"Yes," agreed Lina. "And today we did so many fun things."

Bruno nodded and added, "And our snowman is the best of all!"

As the sun began to set and the sky turned shades of pink and orange, Pippo and his friends returned to their igloo. They were tired but happy, with hearts full of joy.

"Thank you all for this fantastic day," Pippo said. "We've had a snow day we'll never forget."

"It was magnificent," said Lina. "I can't wait to have more snow days like this."

"Me too," said Bruno. "But for now, it's time to rest and dream about our snow adventures."

Pippo and his friends went into their igloo and snuggled into their snow beds, with dreams full of games and laughter. The snow continued to fall gently outside, creating a world of wonder and beauty.

"What a wonderful day," said Pippo, closing his eyes. "I can't wait to see what tomorrow will bring."

And so, Pippo the Penguin and his friends continued to live happily in their land of ice and snow, ready for new adventures and to enjoy every magical snow day the future would bring.

Panda Piero e la Magica Foresta di Bambù

Nella verdeggiante foresta di bambù, viveva un panda di nome Piero. Piero era un panda dolce e curioso, con pelliccia bianca e nera e occhi vispi che brillavano di gioia. Ogni giorno, Piero amava esplorare la sua foresta e scoprire nuovi angoli nascosti.

Un giorno, mentre Piero mangiava foglie di bambù, sentì un rumore misterioso provenire dal cuore della foresta. Era un suono dolce e melodioso, come il canto di un uccellino. Piero, incuriosito, decise di seguire il suono per scoprire cosa fosse.

"Che suono affascinante!" esclamò Piero. "Devo scoprire da dove proviene!"

Piero si mise in cammino verso il cuore della foresta. Camminava lentamente, ammirando le alte canne di bambù che ondeggiavano al vento. Dopo un po', il suono si fece più forte e Piero vide un gruppo di animali radunati intorno a un grande albero.

C'era Lulù, la lepre bianca, che suonava una piccola arpa di legno. Accanto a lei c'era Max, il topo, che suonava un tamburello, e Zoe, la volpe, che cantava con una voce melodiosa. Gli animali erano tutti affascinati dalla musica e ballavano felici.

"Benvenuto, Piero!" esclamò Lulù, vedendolo arrivare. "Stiamo suonando e cantando per celebrare il Festival del Bambù!"

"Che bello!" disse Piero, avvicinandosi. "Non sapevo che ci fosse un festival. Posso unirti a voi?"

"Certamente!" rispose Max, sorridendo. "Più siamo, meglio è! Abbiamo bisogno di tutti per rendere questa festa speciale."

Piero si unì al gruppo e iniziò a ballare al ritmo della musica. La foresta si riempì di risate e canti, e Piero si sentì felice di far parte della celebrazione.

"Dovremmo fare qualcosa di speciale per il festival," disse Zoe, dopo un po'. "Qualcosa che renda questo giorno indimenticabile."

"Che ne dite di una grande caccia al tesoro?" propose Piero. "Potremmo nascondere dei tesori nel bosco e invitare tutti a cercarli."

"Mi sembra una fantastica idea!" disse Lulù. "Organizzeremo la caccia al tesoro e tutti gli animali potranno partecipare."

Gli animali iniziarono subito a preparare i tesori da nascondere. Max e Zoe costruirono piccoli scrigni di legno e li riempirono di frutta secca e dolcetti. Lulù decorò i posti dove nascondere i tesori con fiori colorati e nastri.

Quando tutto era pronto, Piero prese un grande cartello e scrisse: "Caccia al Tesoro del Festival del Bambù! Trovate i tesori nascosti e vincete premi speciali!"

Gli animali iniziarono a radunarsi, entusiasti della caccia al tesoro. Piero spiegò le regole e poi tutti partirono in cerca dei tesori. Le risate riempirono la foresta mentre gli animali si muovevano tra gli alberi e i cespugli.

"Ho trovato un tesoro!" gridò Lulù, sollevando uno scrigno di legno.

"E io ho trovato un altro tesoro!" esclamò Max, mostrando un altro scrigno.

Piero e gli altri animali continuarono a cercare e trovare i tesori nascosti. Quando tutti ebbero trovato almeno un tesoro, si radunarono di nuovo attorno all'albero principale per festeggiare.

"Che caccia al tesoro divertente!" disse Zoe, felice. "E tutti hanno trovato qualcosa!"

"È stato magnifico," aggiunse Piero. "E ora possiamo goderci il resto del festival con musica e balli."

La musica riprese e gli animali iniziarono a ballare di nuovo. Il festival continuò con canti allegri, danze e giochi. Piero si sentiva felice e soddisfatto, sapendo di aver contribuito a rendere il festival così speciale.

"Grazie a tutti per questo giorno meraviglioso," disse Piero, mentre la giornata volgeva al termine. "È stato un festival indimenticabile!"

"Grazie a te, Piero," rispose Lulù. "La tua idea della caccia al tesoro è stata fantastica."

Max e Zoe annuirono. "E la musica è stata stupenda. Non vediamo l'ora di festeggiare di nuovo l'anno prossimo!"

Quando il sole iniziò a tramontare e la luna si alzò nel cielo, gli animali si sedettero intorno al grande albero per ammirare le stelle. La foresta era illuminata da una luce magica e tutti si sentivano felici e soddisfatti.

"Che giornata meravigliosa," disse Piero, guardando il cielo stellato. "Sono così felice di avere amici come voi."

"Tutti insieme possiamo fare cose incredibili," rispose Zoe, abbracciando Piero.

Con il cuore colmo di gioia, Piero salutò i suoi amici e tornò a casa. Mentre si addormentava nel suo accogliente rifugio di bambù, sognava delle avventure future e dei festival ancora più belli.

La foresta di bambù continuò a brillare di magia e Piero e i suoi amici sapevano che ogni giorno era una nuova opportunità per divertirsi e fare qualcosa di speciale insieme. Con il sorriso sulle labbra e il cuore felice, Piero chiuse gli occhi e sognò di tante altre avventure future.

64

Piero the Panda and the Magical Bamboo Forest

In the lush bamboo forest lived a panda named Piero. Piero was a sweet and curious panda, with white and black fur and bright, joyful eyes. Every day, Piero loved exploring his forest and discovering new hidden spots.

One day, while Piero was munching on bamboo leaves, he heard a mysterious sound coming from the heart of the forest. It was a sweet, melodious sound, like a bird singing. Curious, Piero decided to follow the sound to find out what it was.

"What a fascinating sound!" exclaimed Piero. "I must find out where it's coming from!"

Piero set off towards the heart of the forest. He walked slowly, admiring the tall bamboo stalks swaying in the wind. After a while, the sound grew louder, and Piero saw a group of animals gathered around a large tree.

There was Lulù, the white hare, playing a small wooden harp. Next to her was Max, the mouse, playing a tambourine, and Zoe, the fox, singing with a melodious voice. The animals were all enchanted by the music and danced happily.

"Welcome, Piero!" exclaimed Lulù when she saw him arrive. "We're playing and singing to celebrate the Bamboo Festival!"

"How wonderful!" said Piero, approaching. "I didn't know there was a festival. Can I join you?"

"Of course!" replied Max, smiling. "The more, the merrier! We need everyone to make this celebration special."

Piero joined the group and began to dance to the rhythm of the music. The forest filled with laughter and singing, and Piero felt happy to be part of the celebration.

"We should do something special for the festival," said Zoe after a while. "Something that will make this day unforgettable."

"How about a big treasure hunt?" suggested Piero. "We could hide treasures in the forest and invite everyone to find them."

"That sounds like a fantastic idea!" said Lulù. "We'll organize the treasure hunt and all the animals can join in."

The animals immediately began preparing the treasures to hide. Max and Zoe built small wooden chests and filled them with dried fruit and sweets. Lulù decorated the hiding spots with colorful flowers and ribbons.

When everything was ready, Piero took a big sign and wrote: "Bamboo Festival Treasure Hunt! Find the hidden treasures and win special prizes!"

The animals started gathering, excited for the treasure hunt. Piero explained the rules, and then everyone set off in search of the treasures. Laughter filled the forest as the animals moved between trees and bushes.

"I found a treasure!" Lulù shouted, holding up a wooden chest.

"And I found another treasure!" exclaimed Max, showing another chest.

Piero and the other animals continued to search and find the hidden treasures. When everyone had found at least one treasure, they gathered again around the main tree to celebrate.

"What a fun treasure hunt!" said Zoe, happy. "And everyone found something!"

"It was marvelous," added Piero. "And now we can enjoy the rest of the festival with music and dancing."

The music started again, and the animals began to dance once more. The festival continued with cheerful songs, dances, and games. Piero felt happy and satisfied, knowing he had helped make the festival so special.

"Thank you all for this wonderful day," said Piero as the day came to an end. "It has been an unforgettable festival!"

"Thank you, Piero," replied Lulù. "Your idea for the treasure hunt was fantastic."

Max and Zoe nodded. "And the music was splendid. We can't wait to celebrate again next year!"

As the sun began to set and the moon rose in the sky, the animals sat around the great tree to admire the stars. The forest was lit with a magical glow, and everyone felt happy and content.

"What a wonderful day," said Piero, looking at the starry sky. "I'm so happy to have friends like you."

"Together we can do amazing things," replied Zoe, hugging Piero.

With hearts full of joy, Piero said goodbye to his friends and went home. As he fell asleep in his cozy bamboo nest, he dreamed of future adventures and even more beautiful festivals.

The bamboo forest continued to shine with magic, and Piero and his friends knew that each day was a new opportunity to have fun and do something special together. With smiles on their faces and happy hearts, Piero closed his eyes and dreamed of many more adventures to come.